كارولين فارلو وأميليا فارلو

صندوق الرمل

قصة عن الانتماء وتبني الاختلاف

الرسوم التوضيحية بواسطة فولكسنفابليز

ليس للطباعة

هذا الكتاب ينتمي إلى:

حقوق النشر © 2020 كارولين وأميليا فورلو.

جميع الحقوق محفوظة

لا يجوز إعادة إنتاج أي جزء من هذا الكتاب أو تخزينه أو نقله بأي وسيلة سواء كانت سمعية أو رسومية أو ميكانيكية أو إلكترونية دون إذن خطي من كل من الناشر والمؤلف، يستثنى من ذلك المقتطفات الموجزة المستخدمة في المقالات والمراجعات النقدية.

تعتبر إعادة الإنتاج غير المصرح بها لهذا العمل أو أي جزء منه عملاً غير قانوني ويعاقب عليه القانون.

تم النشر بواسطة (Diverse Dimensions) محدودة المسؤولية، الرسوم التوضيحية بواسطة فولكسنفابلز (FolksnFables)

(الفريق: نيثي جوزيف، جمانة نائب الرئيس، إندو شاجي)

979-8-98621-847-2

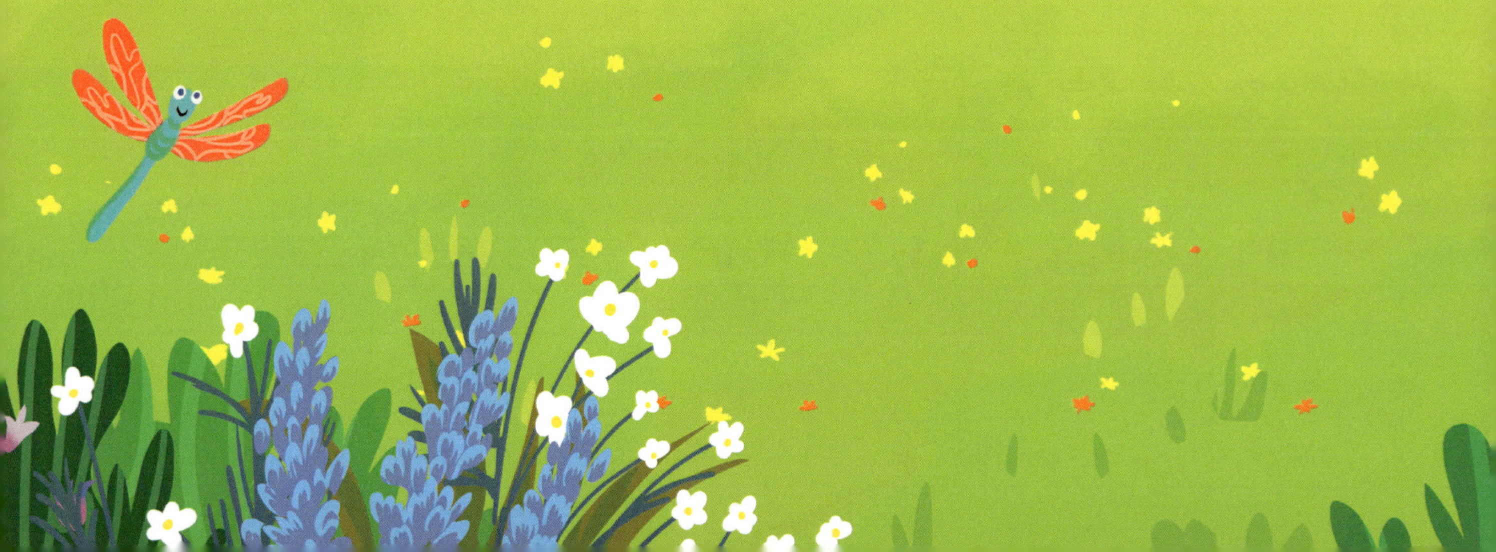

كارولين فارلو وأميليا فارلو

صندوق الرمل

قصة عن الانتماء وتبني الاختلاف

الرسوم التوضيحية بواسطة فولكسنفابليز

الإهداء

هذا الكتاب مهدى للأطفال الذين يرغبون في الارتقاء إلى النجوم
في خيالهم ومظاهر حياتهم

ذات يوم، نظرت إيماني إلى الشمس الصفراء الكبيرة.
شعرت بأشعة دافئة تقبيل خديها.
ففكرت، يا له من يوم جميل.

ثم قالت لنفسها: أعتقد أنني سأمشي.
سيكون جميع أصدقائي في الحديقة،
ونحن نحب اللعب في صندوق الرمل .

انظروا، ألبا هناك وهي ذاهبة!
ركضت إيماني نحو صديقتها.

”ألبا، أأنت ذاهبة إلى الحديقة؟“ أجابت ألبا بينما كانت تبتسم ”نعم“
قالت إيماني ”رائع! يمكننا المشي معاً.“

بدأت الفتاتان في المشي.
خطوة، خطوتان، ثلاث خطوات.
صاحت إيماني: "انظري إلى هذه الشجرة الخضراء الكبيرة!" فهتفت ألبا:
"إنها جميلة جداً"
قالتا ذلك بينما كانتا تجتازان الشجرة.

نظرت إيماني إلى ألبا بتمعن وقالت: "ألبا، شعرك مسترسل".
أومأت ألبا برأسها.
"نعم، وشعرك مجعد إيماني".
ثم أضافت إيماني: "انظري، بشرتنا مختلفة أيضاً!"
"أنا سمراء بينما لون بشرتك بيج!"
"هذا رائع!"

فجأة، قفز صديقهم تاو من خلف الشجرة.
"بو!"
صرخت إيمان وبدأت ألبا في الهرب.
ضحك تاو.
"لا تخافا
هذا أنا وحسب."

سألت إيماني تاو: "هل أنت ذاهب إلى الحديقة؟"
"نعم، أنا ذاهب إليها."
فقالت ألبا: "هذا جيد! يمكننا المشي سوية. انظري إيماني، شعر تاو أسود أيضاً، لكن لون عينيه مختلف عن لوني عينينا أنت وأنا ".
فقالت إيماني: "لكنهما جميلتان على الرغم من ذلك، مثل الزهور في الحديقة"

عبس تاو وقال: ”ماذا يعني ذلك؟ أنا لست زهرة“
قالت ألبا وايماني معاً: ”بالطبع لا !“
،ثم قالت إيماني:“ لكننا مثل كل الزهور في الحديقة
أليست جميلة؟“
!جاءت إيلا تركض علي الرصيف: ”مرحباً يا رفاق، هلا انتظرتموني
أريد أن أمشي معكم“.

"مرحبا إيلا!"
سعد الأصدقاء الثلاثة لرؤيتها.
قال تاو: "تعالي والعبي معنا في صندوق الرمل".
قالت إيماني: "انظري يا ألبا،
شعر إيلا أصفر ومسترسل".
فأضافت ألبا: "وعيناها زرقاوان".

ضحك تاو: "نحن جميعاً نبدو مختلفين، لكن هذا ما يجعل الأمر ممتعاً".
ابتسمت ألبا قائلة: "هذا صحيح،
إنها زهرة أخرى في حديقتنا".
التمعت عينا إيماني.
"حديقتنا مليئة بالعديد من الألوان وأنواع مختلفة من الزهور"
صرخ الجميع بفرح: "هذا رائع!"

قالت إيلا: ”أحب الزهور،

أي نوع من الزهور أنا؟”

قالوا جميعهم معًا: ”أنت زهرة نرجس.”

قام تاو بشقلبة بينما تخطته الفتيات الثلاث ممسكات بأيدي بعضهن

أشارت إيماني قائلة: ”انظروا، إنها الحديقة!”

كان ويز يجلس على حافة صندوق الرمل.
"مرحباً يا رفاق. ألقوا نظرة على هذه الحشرات، لقد أمسكت واحدة، اثنتان، ثلاثة." وأشار إلى الحشرات في زجاجته.
لقد بدت كل واحدة منها مختلفة.

كانت الأولى فراشة ملونة بعدة ألوان.
والثانية كان خنفساء بنيةٍ وسوداء وسمراء.
أما الثالثة فكانت جندباً أخضر لامعاً.
كانوا جميعاً مختلفين وكان كل منهم جميلاً.

"تلك الحشرات تشبه الزهور في حديقتنا".
"إنها جميعها تختلف عن بعضها".
"وكلها رائعة!"
هتفت ألبا.
ضحك الأصدقاء الخمسة ولعبوا في صندوق الرمل.

قالت إيلا: "انظروا، شعر ويز أحمر فاتح."
أضافت إيماني: "إنه مجعد أيضاً."
"وعيناه زرقاوان."
"أي نوع من الزهور هو ويز؟"
ابتسمت ألبا.
"أعتقد أنه وردة."
ضحك الأطفال وأخبروا ويز كيف كانوا جميعاً مثل الزهور في الحديقة.

تطاير شعر أبول الأسود الطويل بينما كان يركض ويقفز في صندوق الرمل.
"مرحبا جميعا. ماذا تفعلون!!!
أجاب ويز: "نحن نلعب في صندوق الرمل،
يمكنك اللعب معنا".
ابتسم الجميع مرحبين بأبول.

شرحت ألبا: "انظروا، شعر أبول مختلف أيضاً، إنه ولد ذو شعر أسود طويل."

تساءل تاو: "هل يمكنكم أن تتخيلوا كيف سيكون الأمر إذا بدونا جميعاً متشابهين تماماً"

"هـــذا ممـــل!"

صرخوا جميعاً.

قالت إيلا: "أنا سعيدة لأننا جميعاً نبدو مختلفين".
صفقت إيماني بيديها.
"نحن جميعاً مثل
الزهور الملونة المختلفة في الحديقة".

صرخ الجميع: "هذا رائع! لنذهب ونلعب في صندوق الرمال معاً".

نبذة عن الكاتب

الكاتبة كارولين فورلو (Carolyn Furlow) حاصلة على درجة الماجستير في الآداب، في مجال الكتابة الإبداعية، وبكالوريوس العلوم في الدراسات متعددة التخصصات، بالإضافة إلى تخصص ثانوي مزدوج في علم النفس والدراسات الأفرو أمريكية.

هي أم لثلاثة أطفال بالغين وجدة لحفيدة عزيزة تدعى إيماني.

كمعلمة، واجهت بشكل مباشر أوجه العزلة لدى الطلاب الذين يشعرون بالانفصال عن الدروس ومواد القراءة في فصولهم الدراسية.

بروح من الحب والاحترام الكبير لجميع الأطفال، ابتكرت هي وابنتها أميليا فورلو سلسلة من القصص التي تخاطب جميع الأطفال وتمنحهم الشعور بالارتباط مع القصص التي يقرؤونها في الفصول الدراسية والمنزل.

العالم عبارة عن بوتقة ينصهر فيها الأطفال الجميلون في جميع أنحاء الكوكب ـ تعكس قصصنا وجودهم وتعزز قبول واحترام الخلافات ـ

نبذة عن الكاتب

الكاتبة

أميليا فورلو (Amelia Furlow) تعمل حالياً متدربة في مجال الزواج والعلاج الأسري وتتخصص بدراسات الصدمات.

حصلت على بكالوريوس الآداب في الدراسات الأفرو أمريكية من جامعة ولاية كاليفورنيا، لوس أنجلوس.

تفتخر بكونها عمة إيماني سمايلز.

كونها عمة لطفلة عمرها خمس سنوات، رأت أميليا الحاجة إلى سرد قصص أكثر تنوعاً في كتب الأطفال.

إحدى هواياتها المفضلة هي القراءة لابنة أختها.

تعاونت مع والدتها، كارولين فورلو، لإنشاء سلسلة من كتب الأطفال التي تسلط الضوء على أوجه التشابه وكذلك التميز للإنسان.

يسمح سرد القصص التي تحتفي بالتفرد والتشابه للأطفال بتبني ماهيتهم الحقيقية.

بعد أن نشأت في لوس أنجلوس وكاليفورنيا وتكساس وشاطئ تشيسابيك بولاية ماريلاند، اطلعت أميليا على قوة التنوع في سن مبكرة جداً.

يحتاج الأطفال اليوم، وأكثر من أي وقت مضى، إلى الشعور بالانتماء. هذه السلسلة لا تقدم الانتماء فحسب، بل تجلب البهجة لمن يقرأها!

ليس للطباعة

www.ingramcontent.com/pod-product-compliance
Lightning Source LLC
Chambersburg PA
CBRC091211010526
44119CB00020B/370

9798986218472